바른 인성
꽃피우기

바른 인성 꽃피우기

발행일	2016년 9월 12일

지은이	송정희, 김영희		
펴낸이	손 형 국		
펴낸곳	(주)북랩		
편집인	선일영	편집	이종무, 권유선, 김예지, 김송이
디자인	이현수, 신혜림, 이정아, 김민하	제작	박기성, 황동현, 구성우
마케팅	김회란, 박진관, 오선아		
출판등록	2004. 12. 1(제2012-000051호)		
주소	서울시 금천구 가산디지털 1로 168, 우림라이온스밸리 B동 B113, 114호		
홈페이지	www.book.co.kr		
전화번호	(02)2026-5777	팩스	(02)2026-5747

ISBN	979-11-5987-131-3 03370(종이책)	979-11-5987-132-0 05370(전자책)

이 도서의 국립중앙도서관 출판예정도서목록(CIP)은 서지정보유통지원시스템 홈페이지(http://seoji.nl.go.kr)와 국가자료공동목록시스템(http://www.nl.go.kr/kolisnet)에서 이용하실 수 있습니다.
(CIP제어번호: CIP2016021305)

성공한 사람들은 예외없이 기개가 남다르다고 합니다.
어려움에도 꺾이지 않았던 당신의 의기를 책에 담아보지 않으시렵니까?
책으로 펴내고 싶은 원고를 메일(book@book.co.kr)로 보내주세요.
성공출판의 파트너 북랩이 함께하겠습니다.

들어
가며

행복한 삶은 어디에서 시작되는 것일까? 다른 사람과 관계를 유지하면서 행복한 삶을 살아가는 방법에는 여러 가지가 있을 것이다. 그중에서 가장 쉽고도 어려운 일이 스스로를 존중하고 타인을 배려하면서 살아가는 것이다.

행복한 삶을 영위하도록 하는 것의 기본은 바른 인성이 아닐까 생각한다. 나와 타인의 관계에서 따뜻한 배려가 생기도록 하는 마음의 모습이 바로 바른 인성인 것이다. 그러면 바른 인성이란 어디에서 출발을 하며 어떻게 길러질 수 있을까?

한 가정에서 출발하여 유아기, 아동기, 청소년기를 거치면서 성인으로 성장하는 우리 성장기 속에서 바른 인성은 시작되고 길러진다. 특히 영·유아기에 그 토양이 다져지고 충실해진다는 것은 굳이 말하지 않아도 될 것이다.

영·유아기는 몸으로 감각하고 수용하는 것이 특징이다. 그런 의미에서 실천 중심 인성교육은 우리 아이들에게 인생을 풍요롭게 하는 기름진 토양을 제공해 줄 수 있을 것이다.

실천 중심 인성교육의 한 방법으로 '가슴이 따뜻하게 생각이 지혜롭게'라는 슬로건을 내걸고 아이들에게 접근하게 되었으며 인성 덕목으로 배려, 예의, 존중, 감사, 약속 등 10가지를 선정하였다. '도란도란 책 읽어주는 선생님과 친구'로 풀어가는 인성 실천 이야기, 원장님의 인성 이야기, 유치원과 가정이 연계하여 함께 실천할 수 있는 '아름꿈 실천 스티커북' 활동, 인성 실천 인증샷 대회, '가족과 함께하는 동화 산책' 독서퀴즈벨, 유치원 실내·외 인성교육을 위한 환경구성은 유아들에게 직·간접적으로 인성이 내면화되도록 교육하였다.

매월 실행한 가정과의 연계 활동 인성카드는 학부모가 가정에서 실천할 수 있는 예의, 질서, 감사, 친절, 배려, 협력, 인내, 정직, 사랑, 책임을 실천하는 자녀교육 지침서로서 부모가 모델링이 되는 데 자신감을 주게 되었다.

본 책자는 유치원 현장에서 교사들과 아이들이 즐겁게 참여하고 실천한 사례를 중심으로 실천 내용을 수록하였다. 그리고 아이들의 활동을 '인성 싹 틔우기, 인성 꽃피우기, 인성 열매 맺기'로 구성하였다. 우리 아이들과 함께 시작한 행복한 삶으로의 여행이 인성 교육에 도움이 되었으면 하는 작은 바람으로 이 책을 펼치고자 한다.

CONTENTS

들어가며 4

1. 예의 8
2. 약속 18
3. 감사 28
4. 친절 38
5. 배려 48
6. 존중 58
7. 인내 68
8. 정직 78
9. 사랑 88
10. 책임 98

1

예의

친구들아 워크북할까?

예의는
공손함과 예절의 표현으로
일상생활에서 갖추어야 할
올바른 말과 행동입니다.

예의, 싹 티우기

유치원이나 가정에서 할 일

유치원이나 가정에서는 유아가 때와 장소에 따라 올바른 마음가짐으로 말과 행동을 할 수 있도록 해야 한다. 반복적인 훈련으로 올바른 말과 행동을 습관화시켜야 한다.

- 상대에게 고마운 마음을 전하고 싶을 때는 **"고맙습니다."**라고 말할 수 있어요.

- 어른을 만나면 바르게 인사합니다.

- 어른이 말씀하실 때는 조용히 기다린 후에 이야기합니다.

- 바른 자세로 음식을 먹습니다.

- 친구에게 불편을 끼쳤을 때는 **"미안해."**라고 말합니다.

길에서 아는
어른을 만나면

인사를
드립니다.

어른들이 말씀하실
때는
조용히 기다린 후
이야기합니다.

예 의...
남을 존중해 주고
먼저 생각해주는 겸손한 마음

밥 먹을 때
할머니께서 잘
잡수시는 음식을
가까이 놓아

예의, 꽃피우기

매월 첫째 주 월요일 전체 모임 시간에 원장님이 들려주는 인성 이야기 시간을 통해 그 달에 실천할 인성 덕목 중 '예의'에 대해 알아본다.

유아들은 한 달 동안 '예의'를 스스로 어떻게 실천할 것인지 워크북에 자신의 생각과 실천내용을 그림과 글로 표현한다.

'예의'를 어떻게 실천할 것인지 친구들과 이야기를 나누며 '예의'란 어떤 것인지 충분히 알아본다.

일일교육계획안

		결재	담임	원감

반	나래반	시기	2014년 3월 17일 월요일	
주제	유치원에서의 친구	소주제	나와 친구 소개하기	
목표	우리 반에서 함께 생활하는 친구들에 대해 관심을 가진다. 친구 얼굴의 특징을 탐색해본다.			
초등학교 교육과정관련	슬기로운 생활 - 학교와 나 - 친구 소개하기, 친구 얼굴 그리기 등의 다양한 활동을 하면서 친구에 대해 관심을 갖는다.			
일과시간표	08:50 ~ 09:30 등원 및 출석카드 간식 09:30 ~ 10:20 놀이계획 및 자유선택활동 10:30 ~ 11:00 정리 및 자유선택활동 평가, 누리기록초 11:00 ~ 11:20 이야기 나누기 11:20 ~ 12:00 미술(바깥) 12:40 ~ 13:10 점심식사 및 양치지도 12:40 ~ 13:10 대하놀후 13:10 ~ 13:40 바깥놀이(바깥) 13:40 ~ 14:00 평가 및 귀가지도(교통안전지도)			

시간/활동명	활동목표	활동내용	자료 및 유의점
08:50~09:30 등원 및 인사나누기	바르게 인사한다. 바른 태도로 간 식을 먹고 스스 로 정리한다.	선생님, 친구들과 반갑게 인사를 나누고 옷을 정리한다. - 손을 씻고 온 순서대로 간식을 먹는다. - 간식을 먹은 후에 정리한다. 간식, 접시를 스스로 정리한다. (붙임) 얼굴을 아는 순서대로 붙이며 즉, 붙임 얼굴 인사를 드린나요?)	달력 오늘의 활동판 자유선택활동 벽표
09:30~10:30 자유선택활동	자신이 하고 싶 은 놀이를 계획 하여 실행한다.	하고 싶은 자유선택 계획하여 자유선택활동을 한다. [언어] 친구 이름카드 놀이 - 친구들 이름카드를 살펴보며 내가 좋아하는 친구 이름을 찾아 본다. - 친구의 여러가지 방법으로 분류해본다. - 친구의 이름 스스로카드를 나열 친구 이름카드를 찾는 놀이를 한번 본다.	이름카드 보드판 화이트보드
		교육활동생략	
13:10~13:40 바깥놀이 (바깥)	놀이기구를 이 용하여 대소근 육을 활동한 다. 안전한 놀이를 실 행한다.	유치원 놀이터에 가서 바깥놀이터를 안전한다. 바깥놀이터에 있는 놀이기구를 안전하게 이용한다.	
13:40~14:00 평가 및 귀가	자신의 느낌을 적절하게 표현 한다. 교통수단을 안 전하게 이용한 다.	오늘 활동한 것을 회상한다. -생각해보자, 나래반에서 어떤 활동을 했을까? -오늘 활동 중 무엇이 가장 재미있었나요? 내일 일일주제에 대해 알아본다. -안녕 노래를 부르며 선생님과 친구들과 인사 나눈다. -하원 시 지켜야 할 안전규칙에 대해 이야기 나눈다. -'유치원 안전보호를 외워요' - 안전 (예의) 길에서 아는 어른을 만나면 꼭 멈추 멈추 인사를 드린나요. 인사 후 귀가한다.	※ 이번 주에 자체에 '혈액세 서 주 바른 안내에 모든 부지 않고 생자 드린다. 예의에 대해 수 있도록 한 다.
총평			

3월 2주 주간...

나래반(5세반)

생활 주제		유...			
주제	유치원에서의 하루				
목표	· 유치원이 어떤 곳인지 알고 하루 일과에 적용한다. · 유치원에서의 다양한 활동에 즐겁게 참여한다.				
날짜/요일 활동		3/10(월)	3/11(화)	3/12(수)	3/13(목)	3/14(금)
---	---	---	---	---	---	---
자유선택활동	쌓기영역	여러 가지 블록으로 유치원 만들기			
	역할영역	유치원 놀이			
	언어영역	"유치원의 하루" 작은 그림책	동시 짓기	안전하고 즐거운 등하원길	
	수·조작영역	교실 놀이판 꿰기	그래프- 내가 좋아하는 유치원 장소		
	음률영역	꿰어 연주하기			
	미술영역	자기 모습 그리기	유치원의 즐거웠던 일 그리기		
대·소집단활동	이야기나누기	우리가 만드는 하루 일과	자유선택활동을 재미있고 안전하게	함께하면 더 좋아요	감사한 마음으로 급을 먹어요	도우미가 필요해요
	동요·동시·동극	내일 또 만나 (동화)	시간을 째깍째깍(동화)	함께 활동하면 더 좋아(동화)	서로 도우면 (동시)	
	음악	내 친구		장난감 교향곡 연주하며 듣기	
	신체·게임	유치원에서 함께 놀이한 친구를 찾아요(게임)		지시대로 움직이기(신체)	
	미술	내가 좋아하는 놀이영역 그리기	얏숙판 만들기		
	실외	유치원 바깥에 놀이 영역을 만들어요			
주요생활교육	인성 교육	(예의) 길에서 아는 어른을 만나면 바르게 인사합니다.			
	안전 교육	(보행안전) 주의를 살피면서 안전하게 걸어요.			
	환경 교육	(물건 절약하기) 다시 쓸 수 있는 종이를 찾아요.			

※ 교육활동은 유아들의 흥미나 상황에 따라 융통성 있게 진행될 수 있습니다.

글과 그림으로 표현하는 워크북

예의, 열매 맺기

유아들은 매월 인성 덕목을 실천한 후 그것을 3~4세 반 유아
는 그림으로, 5세 반 유아들은 글과 그림으로 워크북에 표현하
도록 해 친구들과 즐겁게 실천하도록 한다.

2

약속

친구들아 위험할까? 자연에서 배워요.

약속은
다른 사람 또는 자신과
정한 것을 그대로
실천하는 행동입니다.

약속, 싹 틔우기

민주 시민으로 살아가기 위해 약속은 교육적 효과가 매우 큰 유아기에 시작해야 한다. 이때 인성의 기초가 되는 규범을 지키도록 하며, 사회라는 공동체 안에서 올바른 태도와 습관이 평생 지속되도록 한다.

자연을 소중히 여기며 친구들과 산책하기

- 공원에 오면 공원에 있는 물건을 망가뜨리지 않습니다.

- 화단의 꽃과 나무에게 친구를 대하듯 이름을 불러줍니다.

- 횡단보도에서는 초록 신호등이 켜지면 건너갑니다.

- 산책 시 지켜야 할 규칙을 알고 지킵니다.

- 공공장소에서 정해진 질서를 지킵니다.

- 점심을 먹을 때는 모래시계의 모래가 다 내려올 때까지 천천히 먹습니다.

23

유아들이 유치원 생활을 하면서 스스로 지켜야 할 약속을 정하고 실천하며, 비오는 날 자연에게 우산을 씌워 주고 자연을 소중하게 생각하는 마음의 약속을 실천하고 있다.

약속, 꽃피우기

야외 놀이 시 모래 놀이장에서 친구들과 놀때, 놀이 규칙에 대한 약속을 지키며 사이좋게 논다.

약속, 열매 맺기

자연에 대한 소중한 마음으로 유치원의 나무와 꽃에게
이름표를 붙여 주어 산책할 때 나무와 꽃에게 이름을
부르도록 하여 자연을 소중하게 여기도록 한다.

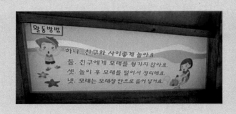

야외 놀이터와 모래 놀이장에서 놀이 시 지켜
야 할 약속을 정해. 유아들의 눈높이에 맞추어
부착한다. 이것을 놀이활동 시 유아들이 읽어
보고 실천한다.

자연을 소중하게 여기는 약속으로
자연물을 이용한 표상활동

3

감사

동화산책 가자!

감사는
사람과 자연에게
고마움을 느끼고
그 마음을 표현하는
행동입니다.

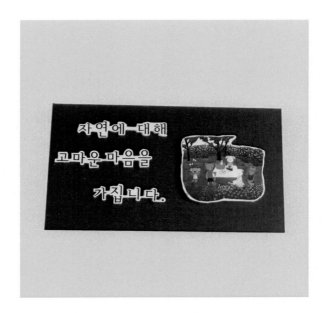

감사, 싹 틔우기

예의 바른 사람은 "감사합니다.", "미안합니다."라는 말이 생활화되어 있다. 유아기에 상황에 맞는 말과 몸짓으로 바르게 표현할 수 있도록 반복적으로 지도해야 한다.

- 부모님께 감사하는 마음을 가집니다.

- 가족을 위해 내가 할 수 있는 일을 실천합니다.

- 고마움을 느꼈을 때
  "감사합니다."라고 말합니다.

- 주변의 꽃과 나무 등 자연에게
  고마운 마음을 가집니다.

- 매일매일 감사한 일을
  다섯 가지 이상 말할 수 있습니다.

좋은 그림책 (만3세)

제목	글쓴이	출판사
가을 숲 도토리 소리	우종영	파란자전거
글밭 머리 소녀와 공세마리	임정진	대교출판
개구리야, 어디 있니?	스키타히로미	한림출판사
나는 아빠를 사랑해요	세바스티앙 브라운	교학사
내일 또 만나!	김용희	아람
노란우산	류재수	보림
따뜻한 이불	함혜정	아람
두더지야, 문 좀 열어줘	오리안느 랄르망	내인생의 책
멍멍! 친구야, 뭐하니?	오오이	프로벨
목욕은 정말 싫어!		
메추리 거짓말쟁이		
밤을 사랑한 친순이가 낮을 사랑한 친순이		
뺑아리 여섯 마리를 찾아라		
부릉부릉! 빵빵~ 아빠, 사랑해!		
부비부비 용이		
배꼽손		
사랑해 사랑해 사랑해		
사랑해 사랑해 최고로 사랑해		
아기 돼지 삼형제		
아빠는 개구리 친구		
아빠 뽀로		
우리 아빠는 나의 왕이야		
우리 할아버지		
웃어라, 심어야!		
주먹이		
진짜진짜 사랑해!		
덜렁덜렁 굴산이?		
토피아, 뛰어, 뛰어!		
토실이와 마법의 종알		
둘둘둘 밥먹지		

좋은 그림책 (만4세)

제목	글쓴이	출판사
골디락과 곰 세 마리	에스텔 코르키	에린당
공룡아 어디 숨었니?	마크스펠링	웅진P&M
누가 왕이 될까	정희용	한얼교육
누에콩과 콩알 친구들	나카야 미와	웅진주니어
눈사람과 함께 놀아요	올리버스 듀디오	키다랜드
내 사과 누가 먹었지?	이재문	노란돼지
라라라라 사이좋게 놀아요	에나 후드니	상상박스
선생님은 너를 사랑해, 왜냐하면	강밀란	글로연
빨빨 고구마 자동차		
아기고 요리조 요리라		
아기새야 날아라		
아빠가 너를 얼마나 사랑하시는지 아니		
아빠대신 회사에 가요		
아빠수염이 따가워요		
아빠아빠 우리 아빠		
아주작은 소녀와 엄소		
아키시아 파마		
안테나		
엄마를 하늘 만큼 사랑해		
여우가 오리를 낳았어요		
여우와 닭		
요리요리		
우리아빠 정말 멋져요		
에비로가 유치원에 갔어요		
책임은 강아지 몽지		
코코는 화가 났어요		
통아지와 동아지		
팽권과 펭케이크		
하늘을 날고 싶어요		
행복한 분홍이		

좋은 그림책 (만5세)

제목	글쓴이	출판사
간식을 먹으러 온 호랑이	주디스커	포린
강은 다시 맑아질거야	데이비드벨아이	초록개구리
공라씨씨가 차들파라	앤젤라매퀴스터	문학동네
괜찮아, 넌 할수 있어	콜레트 프리드먼	세상오든재
국경일은 어떤 날일까요	송윤섭	주니어김영사
글쓰는 강아지 풍지	테드힐스	상상박스
나야, 재미야	이상대	봄나무
나비가 되고 싶어	엄마와애비 바르토시	북극곰
내가 엄마고, 엄마가 나라면	이미경	꿈꾸는 달팽이
다고고 화해하고 우리는 친구	노버트 랜딘스	시공주니어
둥그레 다리에게 배우는 용기	펠리카마로	맑은가람
마리, 나랑 결혼할래?	골레트 랜딘스	시공주니어
만들레와 애벌레	김근희	후맘어린이
매끄니의 신기한 휴게소	임정진	처메가 큰 나
빠가 자란다	보리	보리
보물찾기는 힘들어	각도노에이크	웅진주니어
붕붕 호박씨의 한 살이	에이프릴 플레이어	비룡소
붉은 배새매랑 나무탐지	길아영	웅진주니어
비오는 날은 정말 좋아	최소군	삼성출판사
사자는 내친구	다후이시마코	직율
신선바위 똥 바위	김하니	국민까관
씨앗의 여행	주디스앤더슨	상상스쿨
아주 작은 씨앗이 자라서	황보현	웅진주니어
아씨방 일곱 동무	이영경	비룡소
엄마 개구리의 바다 여행	마도르프히사코	공스타이아
오리 가족의 머릴벅진 나들이	에바무어	국어관
책을 읽자, 제발!	S.J.포체	베틀·북
토끼의 의자	고우야마 요시코	북뱅크
무메 꾸메와 함께 식당에 가요!	서료현	상상스쿨
호랑이굴 떡보치	한미경	은나팔
화가 난 수박 씨앗	사료 와릭크	한림출판사

감사, 꽃피우기

유아들의 발달과 연령에 적합하면서 인성 내용을 다룬 도서를 선정하여 유아들이 즐겨 읽도록 한다. 또한 연령별 도서 목록을 가정으로 배부하여 가정에서도 활발한 독서 활동이 이루어지도록 한다.

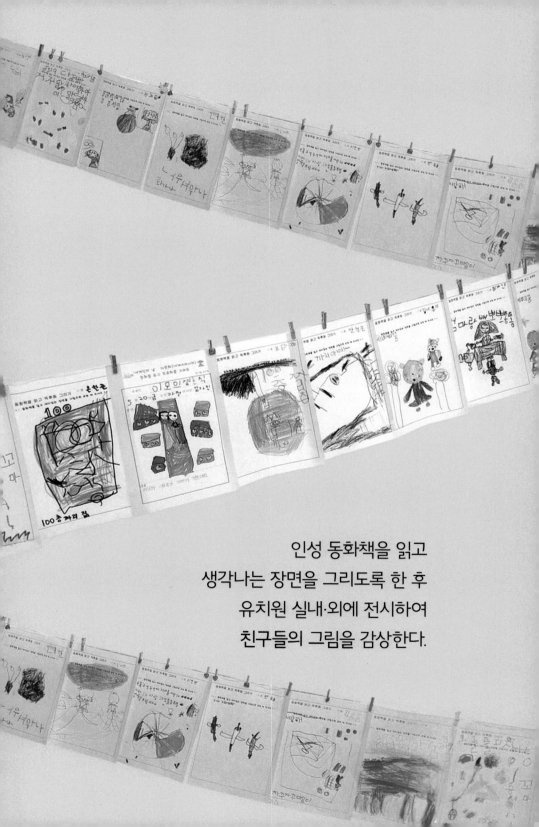

인성 동화책을 읽고
생각나는 장면을 그리도록 한 후
유치원 실내·외에 전시하여
친구들의 그림을 감상한다.

감사, 열매 맺기

온 가족이 함께 참여하는 동화 산책 시간을 가져 '인성
동화 퀴즈'를 풀고 가족과 사랑을 나누며 감사한 마음
을 가진다.

4

친절

예쁜 마음 다짐해요.

친절은
남을 생각하는 예쁜 마음과
정성스런 마음을
담은 말과 행동입니다.

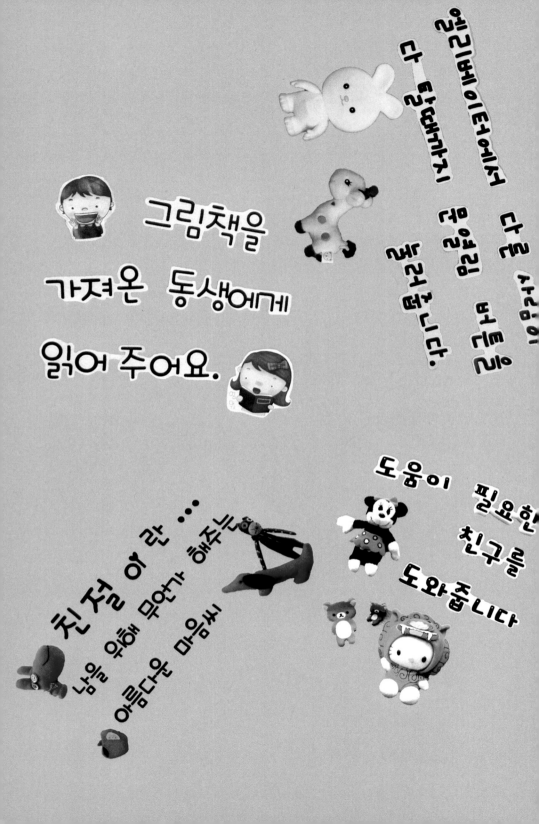

그림책을

가져온 동생에게

읽어 주어요.

엘리베이터에서 다른 사람이

다 탈 때까지 문열림 버튼을

겨러 줍니다.

도움이 필요한

친구를

도와줍니다

친절이란 ···

남을 위해 무엇가 해주는

아름다운 마음씨

친절, 싹 틔우기

어릴 때부터 고운 마음씨와 바른 몸가짐을 갖도록 한다. 상대방을 대할 때 부드럽게 대하고 정성스런 말과 몸짓으로 행동하게 해 이것이 자연스럽게 습관화되도록 한다.

- 도움이 필요한 사람을 도와줍니다.

- 그림책을 가져온 동생에게 그림책을 읽어 줍니다.

- 엘리베이터에서 다른 사람이 다 탈 때까지 문열림 버튼을 눌러 줍니다.

- 화장실에서 나올 때 다음 친구를 위해 신발을 돌려 바르게 놓습니다.

친절, 꽃피우기

친절한 생활을 할 수 있도록 유아들이 다니는 복도에 '친절' 덕목을 게시하고 만 3세~4세 반 유아들은 스티커를 붙여서, 아름꿈 약속에 대한 마음을 다진다.

만 5세 반 유아들은 자신의 이름을 적어서 실천
하고자 하는 마음을 다진다.

이 렁 게

친절 열매 맺기

한 달 동안 실천한 인성 덕목에 대한
만 3세~4세 유아들의 스티커 글자로 완성된 '친절'

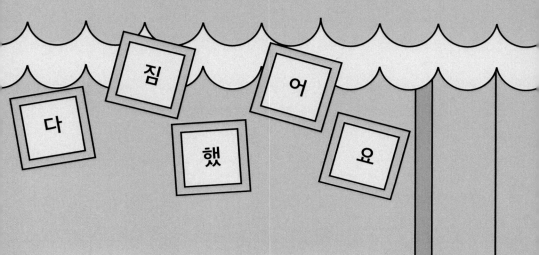

'친절' 싸인판
한 달 동안 실천한 만 5세 유아들의 다짐의 결과

5

배려

배려하는 점심시간!

배려는
다른 사람을 위해
내가 할 수 있는 일을
생각하는 마음과 행동입니다.

배려, 싹 티우기

아이들은 자신의 기분만 중요하게 생각하고 남의 감정은 생각하지 못한다. 자신의 말과 행동이 다른 사람에게 어떤 영향을 미치는지를 이해하고 남의 감정을 소중히 여기는 마음을 가르치는 것이 중요하다.

여러 사람이 쓰는 물건은
다른 사람을 위해 소중히 다룹니다.

빌려 온 동화책은 친구들을 위해
깨끗이 봅니다.

어른들이 전화를 받으실 때
작은 소리로 이야기합니다.

식판이나 물건을 들고 있는
친구의 의자를 빼 줍니다.

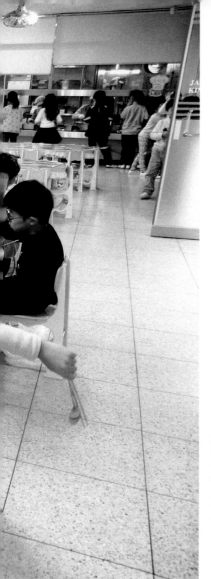

배려, 꽃피우기

급식소에서 점심 식사를 할 때 먼저 밥을 받아 온 친구는 뒤에 오는 친구가 불편하지 않도록 의자를 빼 주는 행동을 스스로 실천함으로서 어려서부터 남을 배려하는 습관을 가질 수 있다.

다른 사람들과 식사를 할 때 바른 식사 예절을 알기 위해 식탁 위에 식사 예절을 알리는 메모꽂이를 두어 바른 식사 습관을 갖도록 하였으며 모래시계를 활용하여 친구들과 식사 시간을 조절해 가며 식사하도록 한다.

배려, 열매 맺기

바르게 식사하는
어린이에게 보상해 주기

휴지

비타민

모래시계

휴지통

메모꽂이

식사 예절을 위한 메모꽂이,
식사시간 조절용 모래시계,
보상을 위한 비타민 등

6

존중

동화야 놀자!

존중은
다른 사람의 생각과 느낌을
소중하게 여기고 지켜주는
마음과 행동입니다.

존중, 싹 티우기

존중은 서로를 격려하고 배려하며 사람과 자연을 존중하고 사랑하는 기본적인 가치관을 길러 준다. 아이가 자신감을 가지고 다양한 방법으로 문제를 해결하도록 격려하는 것이 중요하다.

- 다른 사람이 말할 때 잘 들어줍니다.

- 친구를 놀리거나 안 좋은 별명으로 부르지 않습니다.

- 나와 친구의 생각이 다르다는 것을 알고 존중합니다.

- 다른 사람에게 친절하고 상냥하게 이야기합니다.

친구를 놀리거나 별명을 부르지 않습니다

존 중 이 란 ...
남을 아무렇게나
대하지 않는 것

혼자 노는 친구에게
"같이 놀자." 라고
이야기합니다.

나와 친구의
생각이
다르다는 것을
알고존중합니다

존 중 은 ...
남을 무시하지 않는 것
남을 아무렇게나
대하지 않는 것

존중, 꽃피우기

매월 첫째 주 월요일 '도담도담 책 읽어 주세요' 시간을 통해 선생님과 친구가 그달에 배워야 하는 인성 덕목과 관련된 동화를 들려준다. 동화책 주인공의 이야기를 들으면서 어떻게 실천할지 생각을 나눈다.

선생님과 친구가 들려주는
'도담도담 책 읽어 주세요' 시간

강당에서 친구와 선생님이 들려주는 존중에 대한 동화를 듣고 교실로
이동하여 존중과 관련된 다른 동화책을 유아들이 읽은 후 독후 활동을
하고 친구들과 독후 활동을 한 것을 공유하는 시간을 가진다.

존중, 열매 맺기

유치원에 등원하면 '딩동댕 10분 독서 시간'에 인성 동화책을 읽은 후 자유롭게 독후 활동을 한다.

하나, 음악을 들으며 책을 가져와요.
음악: Sundial Dreams
(아티스트 - Kevin Kern)

둘, 마음속으로
조용히 그림책을 읽어요.

교실에 독서 코너를 구성하고, 게시판 및 앨범에 독후 활동 결과물을 전시한다.

셋, 그림책의 느낌을
그림으로 표현해요.

넷, 음악을 들으며
정리하거나 전시해요.
음악: A time remembered
(아티스트: Kevin Kern)

7

인내

인증샷 찰칵!

인내는
어떤 일이 이루어질 때까지
참고 기다리거나
잘 안 되는 일을 끈기 있게
다시 해보는 행동입니다.

인내, 싹 틔우기

인내는 다소 급하더라도 줄을 서서 차례를 기다리는 것,
다양한 경험을 통해 스스로 해결 방안을 생각해 보는 것,
천천히 신중하게 대처하는 태도 등이다. 기다림의 미덕과
원하는 것을 얻기까지의 노력과 수고를 유아에게 가르쳐
야 한다.

- 교실이나 복도에서는 뛰고 싶어도 참고 걸어 다닙니다.

- 이야기를 할 때는 차례를 지켜 말합니다.

- 화가 나도 참고 차근차근 이야기합니다.

- 배가 고파도 엄마가 요리할 때까지 참고 기다립니다.

교실이나 복도에서는
뛰고 싶어도
참고 걸어다닙니다.

가 나도 참고
근차근
야기합니다

인내란..
잘 안되는 일을 끈기있게
다시 해 보는 것.

배가 고파도
엄마가 요리할 때까지
참고
기다립니다

매월 실천할 인성 덕목 내용을 유아들이 많이 다니는 복도에 게시하여 유치원 생활을 하면서 스스로 실천하도록 한다.

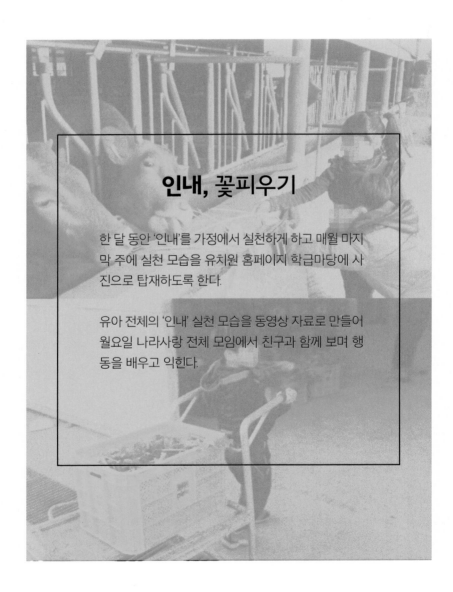

인내, 꽃피우기

한 달 동안 '인내'를 가정에서 실천하게 하고 매월 마지막 주에 실천 모습을 유치원 홈페이지 학급마당에 사진으로 탑재하도록 한다.

유아 전체의 '인내' 실천 모습을 동영상 자료로 만들어 월요일 나라사랑 전체 모임에서 친구과 함께 보며 행동을 배우고 익힌다.

유아들이 가정에서 실천하는 장면을 유치원 홈페이지에 사진으로 탑
재하고 친구들의 실천 사진을 동영상으로 만들어 강당에서 감상하
며 경험을 공유한다.

학급 홈페이지 '바른 인성꽃
인증샷' 게시판

유아들의 인증샷을 모아 만든 동영상

인내, 열매 맺기

가정에서 실천한 모습을 찍은 인증샷을 홈페이지에 올리도
록 하고, 인쇄하여 복도 갤러리에 전시한다.

인증샷을 올린 유아에게 담임이 상으로 실
천상을 수여

8

정직

바른 행동 스티커 스티커!

정직이란
바르게 생각하고 말하며
잘못을 하였을 때
용기를 내어 사실대로
말하는 것입니다.

정직, 싹 틔우기

유아는 일상생활 속에서 다양한 경험을 하며 일어나는 문제에 대해 바르게 생각하고 행동하는 습관을 길러야 한다. 거짓말이나 나쁜 버릇은 고칠 수 있도록 '정직'을 실천해 보는 교육 환경을 제공해 주는 것이 중요하다.

- 자기가 한 일은 했다고 말하고, 하지 않은 일은 하지 않았다고 말합니다.

- 자신의 생각과 행동을 거짓 없이 말합니다.

- 자기가 잘못한 것에 대해 솔직하게 이야기합니다.

- 유치원에 있는 물건은 집으로 가져가지 않습니다.

정직, 꽃피우기

가정에서 인성을 기를 수 있도록
제작한 스티커 북

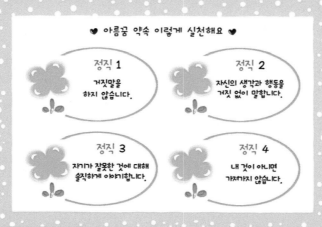

학부모용 인성 카드를 제작하여 유아와 학부모가 가정에서 실천할
수 있는 인성 덕목을 소개하고 가정에서도 벽면이나 냉장고 앞 등
잘 보이는 곳에 부착하여 온 가족이 함께 그달에 해당되는 인성 덕
목을 실천하도록 한다.

정직, 열매 맺기

'나는 아름꿈 약속을 지키는 고운 마음, 바른 어린이' 인성 스티커 북을 제작하여 가정으로 보낸다. 그달에 해당하는 덕목을 유치원과 연계하여 부모님의 도움을 받아 가정에서 유아들이 실천하게 하고 매주 월요일 유치원으로 가져와서 실천 결과를 담임 교사가 피드백하여 지속적으로 유아가 인성 덕목을 실천할 수 있도록 한다.

아이가 거짓말을 할 때

거짓말은 일단 엄하게 다스려서 어렸을 때부터 버릇을 고쳐야 한다고 생각한다.
하지만 아이들의 거짓말은 어른들이 생각하는 것과는 약간 다르다.
아이들은 현실과 상상 세계를 구분하지 못하기 때문에 자신이 원했던 일이나
상상했던 일을 진짜 겪은 일처럼 말하게 된다.
이런 거짓말은 초등학교 입학 전후로 사라지므로,
지나치게 과민한 반응을 보이지 않아도 된다.
간혹 누군가를 속이기 위해 거짓말을 하기도 하지만,
그렇다고 해서 아이가 다른 사람에게 피해를 끼치려는 의도가
없으므로 아이들이 알아듣기 쉽게 잘 타이르는 것이 좋다.

정직 우리 아이가 실천하고 있는 것에 ✓ 해 보세요.

정직 실 천 내 용	항상 그렇다	가끔 그렇다	거의 그렇지 않다
· 엄마한테 혼나는 게 싫어서 거짓말 한 적이 있다.	✓		
· 남의 물건을 망가뜨리고 안했다고 한다.			✓
· 핑계를 댄다.		✓	
· 잘못을 했을 때 솔직히 말한다.	✓		

♥ 아름꿈둥이의 실천이야기를 적어주세요.

우리 정욱은 어나깨가 거짓말을 하게 되고 어려워집니다 피하게요
어제도 어젠은 성격과 곧 얼어어이 끼쳐고 해게 공고 깜깜한 성격이 되기도
찌꼭 어려웠다니다. 위험에서나 집에서 자유로 있는 정나니다 한 둥기에게 어게
하게 저희의 정욱을 칭찬합니다.

사실대로 말하는 것.

...않습니다.

...행동을 거짓 없이 말합니다.

...것에 대해 솔직하게 이야기합니다.

...가져가지 않습니다.

정직

♥ 아름꿈 약속을 실천하고 스티커를 붙이세요 ♥
★ 약속을 실천했으면 스티커를 붙여주세요   ★ 노력하기를 원하면 사랑요양을 그려보세요

요일	월	화	수	목	금	토	일	교사 학인
1주	정직	정직	정직	♡	정직	정직	정직	정천의
2주	정직	정직	정직	정직	정직	정직	정직	정천의
3주	정직	정직	♡	정직	정직	정직	정직	정천의
4주	정직	정직	정직	정직	정직	정직	정직	정천의
5주	정직	정직	정직	정직	정직	정직	정직	정천의

아름꿈 약속 인성 실천 학부모용 자료로 가정에서 유아와 학부모가 함께 실천할 수 있는 인성 실천 카드

9

사랑

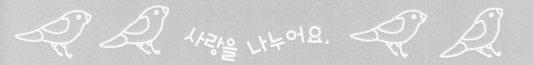

사랑을 나누어요.

사랑이란
상대방을 좋아하고
아끼는 마음을
표현하는 행동입니다.

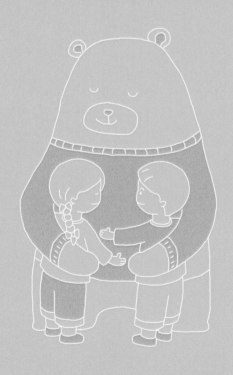

사랑, 싹 틔우기

아침에 사랑의 인사를 나누고 화분에 물을 주고 자연을 사랑하며 이웃 돕기 행사에 참여하는 이웃 사랑 실천 행동을 보일 수 있도록 유아에게 격려가 필요하다.

- 좋아하는 친구에게 사랑하는 마음을 편지로 표현합니다.

- 꽃을 꺾는 것 대신에 꽃을 바라보며 그림을 그립니다.

- 혼자 노는 친구에게 "친구야, 같이 놀자."라고 이야기합니다.

- 추운 겨울을 잘 견디라고 나무에게 옷을 입혀줍니다.

숲에 사는 동물들에 대해 생각하는 마음을 가져요.

다른 사람을 위해 사랑을 실천해 봅니다。

추운 겨울 나무에게 잘 견디라고 옷을 입혀줍니다.

화단에 있는 꽃과 나무를 사랑합니다.

사랑이란
상대방에게 관심을 가져 주는 것。
그 마음을 표현하는 것

용돈을 모금함에 넣고 색공을 넣어
각 반 사랑의 온도 높이기

사랑, 꽃피우기

유아기부터 나와 함께 살고 있는 이웃을 생각하고 작더라도 모금 운동을
통해 이웃 사랑을 실천하자. 가정에서 부모님과 함께 용돈을 모아서 이웃
사랑 실천 행동으로 '굿네이버스, 초록우산 동전 모으기, 행복사이즈 UP'
등의 사회복지공동모금회에 참여해 나와 더불어 살아가고 있는 불우한
이웃에게 작은 사랑을 실천한다.

사랑, 열매 맺기

친구와 이웃을 사랑하는 마음을 전하고 행복한 생활을
할 수 있도록 유아기부터 친구에게 사랑의 편지 쓰기를
하자. 이를 통해 친구끼리 사랑의 마음을 나눌 수 있도
록 한다.

부모님, 친구, 선생님, 군인 등에게 편지 쓰기로 사랑하는 마음을 전한다.

10

책임

스스로 해요!

책임이란
자기가 해야 할 일을
남에게 미루지 않고
스스로 하는 행동입니다.

책임, 싹 틔우기

책임을 다한 후에야 자기의 권리를 내세울 수 있다는 것을 직접 겪으며 유아들에게 책임과 권리의 중요성을 깨닫도록 가르쳐야 한다.

- 유치원에 오면 실내화, 가방, 옷, 출석카드는 내가 정리합니다.

- 내가 맡은 일은 남에게 미루지 않고 내가 합니다.

- 교실이나 복도에서는 뛰고 싶어도 걸어 다닙니다.

- 식사 후 자기 자리를 정리합니다.

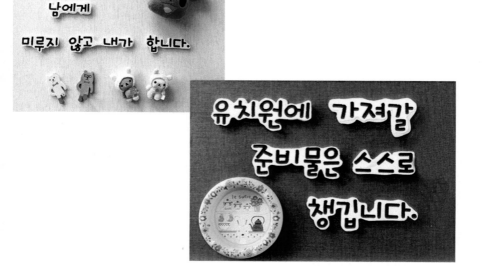

책임, 꽃피우기

유치원에서 신발 정리, 사물함 정리, 식사 후 깨끗하게 양치하기, 화분이나 화단에 물 주기, 줄 서기 등을 스스로 하면서 책임감을 기른다.

인성 이야기가 담긴 소품을 제시하여 생활 속에서 친근감 있게 접근할 수 있도록 한다.

책임, 열매 맺기

1년간 기본 생활습관을 익히고 차를 다루는 예절, 차 우려서 대접하기 등 다례 활동을 통해 책임감 있는 모습으로 성장한다. '효' 졸업식을 통해서는 감사하는 마음으로 부모님에게 차를 대접하며 책임감 있는 모습을 부모님에게 보여드려 감동을 준다.